Cinzia Medaglia

Amore e Cinema

Illustrazioni di **Emiliano Ponzi**

Progetto grafico e direzione artistica: Nadia Maestri
Grafica al computer: Simona Corniola
Ricerca iconografica: Laura Lagomarsino

© 2007 Cideb

Prima edizione: luglio 2007

Crediti fotogrrafici:
Archivio Cideb; © Bettmann / CORBIS: pag. 49;
© Condé Nast Archivi / CORBIS: pag. 50.

Saremo lieti di ricevere i vostri commenti, eventuali
suggerimenti e di fornirvi ulteriori informazioni che
riguardano le nostre pubblicazioni:
info@blackcat-cideb.com
blackcat-cideb.com

Le soluzioni degli esercizi sono disponibili nel sito
blackcat-cideb.com

The Publisher is certified by

CISQCERT

in compliance with the UNI EN ISO 9001:2000
standards for the activities of 'Design, production,
distribution and sale of publishing products.'
(certificate no. 04.953)

ISBN 978-88-530-0576-2   libro + CD

Printed in Croatia by Grafički zavod Hrvatske d.o.o., Zagreb

Indice

Il testo è integralmente registrato

Attività di ascolto

CELI 2 Esercizi in stile CELI 2 (Certificato di conoscenza della Lingua italiana), livello B1.

Da sinistra a destra: **Affina, Filippo, Eleonora, Aldo, De Maffeis**

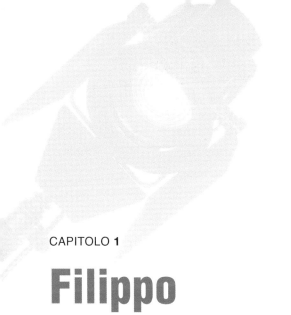

CAPITOLO **1**

Filippo

Sono Filippo, ho ventidue anni e lavoro in un'emittente televisiva[1] privata a Cagliari. Questa è la mia città: una città grande, sul mare, nella bella Sardegna.

Ogni mattina mi alzo alle cinque: il lavoro allo studio di TVSardinia comincia presto e, purtroppo, non finisce mai prima delle sei di sera.

Lavoro tante ore: taglio e monto[2] film e show, ma faccio anche molte altre cose. La nostra emittente è piccola e ci lavorano poche persone. Così, se qualcuno è assente, io faccio il suo lavoro. Per esempio, se il tecnico delle luci si ammala, io lo sostituisco oppure do una mano in caso di assenza dell'operatore. Il mio lavoro quindi è vario e non mi annoio mai.

1. **emittente televisiva** : (qui) stazione che trasmette programmi su un territorio limitato.
2. **montare** : scegliere e collegare le singole scene per comporre un film.

Ho, però, altre ambizioni:[1] vorrei diventare regista.[2] Per questo di sera, quattro volte alla settimana, frequento un corso di regìa. È un corso bello e interessante. Non è una cosa semplice, ma questo è il mio sogno e quindi, anche se dopo una giornata di lavoro sono molto stanco, al corso non manco[3] mai. Perciò lunedì, martedì, giovedì e venerdì torno a casa alle dieci.

Come oggi, martedì.

La casa dove abito è di mia nonna. Si trova in un vicolo[4] nella zona popolare di Cagliari. È una piccola casa bianca, con il tetto basso. Salgo le scale fino al terzo piano perché non c'è l'ascensore. Entro nell'appartamento. Non sento rumori.

"Forse la nonna dorme" penso. Vivo con lei da tanto tempo. I miei genitori e il nonno sono morti quando ero piccolo. Lei è stata per me una mamma e un papà.

In punta di piedi vado in cucina.

Ma la nonna non dorme: eccola seduta tranquilla al tavolo!

Io le do un bacio e la sgrido:

"Nonna, ti dico sempre di non stare alzata per me. Io torno tardi. Tu devi andare a letto presto perché sei stanca. Ti svegli alle sei di mattina!"

"Io sono vecchia" risponde lei. "I vecchi dormono poco.

Tu, invece, devi cenare bene. Siediti!"

Mi siedo e lei mi porta un piatto di spaghetti al pomodoro, il mio piatto preferito.

1. **ambizione** : forte desiderio di raggiungere un obiettivo.
2. **regista** : persona che "dirige" e organizza un film o uno spettacolo.
3. **mancare** : non esserci, essere assente.
4. **vicolo** : strada molto stretta.

Intanto parliamo.

"Allora, il lavoro come va?" mi chiede, come ogni sera.

"Bene" rispondo io.

Lei sorride:

"E quando vediamo un tuo film?"

Io rispondo serio:

"Presto, presto."

"Hai già la storia in mente?"

"Certo" dico io, "è una storia molto bella e semplice. Così il film si può fare con pochi soldi."

"Eh sì, povero ragazzo. Lo so che hai pochi soldi. Il fatto è che devi mantenere [1] te, ma anche me, una vecchia che..."

"Queste cose non voglio sentirle! Non ti preoccupare, soldi o non soldi, posso aver successo. I soldi non sono così importanti..." In realtà non è vero: i soldi nel mio lavoro sono importanti. Eccome! Però è anche vero che alcuni registi fanno film di successo senza grandi capitali. [2]

La nonna non risponde. Si alza e mi porta il secondo piatto.

"Filetto di pesce con fagiolini e carote" dice. "Pesce e carote fanno bene al cervello!"

Poi continua a parlare:

"Lo sai che io posso andare in una casa di riposo."

"Assolutamente no" rispondo io. "E poi, se no, chi mi prepara questi piattini?"

"La tua Eleonora, no?"

"Eleonora, purtroppo, non è la mia ragazza."

1. **mantenere** : fornire il necessario per vivere.
2. **capitale** : grande somma di denaro.

"Non l'hai ancora invitata ad uscire?"

"No, non ancora, ma non voglio farlo. Sono sicuro che mi risponderà di no."

La nonna scuote la testa.

"Le ragazze d'oggi, non le capisco proprio. Un bel ragazzo come te, e poi intelligente, buono, simpatico... Tu hai tutte le qualità!"

"Basta..." esclamo io, "divento rosso."

Neanche io capisco Eleonora, ma adesso non ho voglia di parlarne. La nonna, però, mi chiede per la centesima volta:

"Dimmi com'è Eleonora..."

E io:

"Eleonora è molto carina. È alta, né magra né grassa. Ha gli occhi e i capelli neri e i denti bianchissimi."

"Come quelli dei bambini..."

"Sì" rispondo io. "Eleonora sembra un po' una bambina."

La nonna si alza e va verso il frigorifero.

"Vuoi il gelato?" mi chiede.

"No, grazie."

"Prendi almeno una mela" mi dice. "Hai bisogno di frutta, di vitamine..."

Prendo la mela, le do il bacio della buona notte e poi vado in camera mia.

Sono molto stanco. Mi sdraio sul letto e mi dimentico della mela. Chiudo gli occhi e penso ad Eleonora.

In dieci minuti mi addormento e sogno la mia dolce collega.

Comprensione

1 Rileggi il capitolo e indica con una ✗ l'affermazione corretta.

1 Filippo è
   A ☐ di mezz'età   B ☐ giovane   C ☐ vecchio

2 Abita
   A ☐ con la nonna   B ☐ da solo   C ☐ con i genitori
   D ☐ in Sardegna   E ☐ in Sicilia   F ☐ in Toscana
   G ☐ in una cittadina   H ☐ in un paese   I ☐ in una grande città

3 Lavora
   A ☐ in un grande magazzino
   B ☐ in un'emittente televisiva
   C ☐ nel cinema

4 Di mattina si sveglia
   A ☐ presto   B ☐ tardi   C ☐ né presto né tardi

5 Frequenta
   A ☐ un corso   B ☐ l'università   C ☐ la scuola superiore

6 Eleonora è
   A ☐ la moglie di Filippo
   B ☐ una collega di lavoro di Filippo
   C ☐ un'amica della nonna

7 Filippo si dimostra verso la nonna
   A ☐ affettuoso   B ☐ indifferente   C ☐ freddo

8 La casa in cui abita la nonna è
   A ☐ elegante   B ☐ normale   C ☐ popolare

9 La casa si trova
   A ☐ in centro   B ☐ in un vicolo   C ☐ in una grande strada

Grammatica

1 Inserisci nelle frasi la forma appropriata dei verbi *dovere/volere*.

1 Filippo .... fare il regista e per questo ....
frequentare un corso.

2 La nonna dice a Filippo: "Tu .... cenare bene."

3 "Ragazzi, ... un gelato?" "No, ... un bicchiere di
coca cola. Abbiamo sete."

4 Questa sera Filippo .... lavorare perché un suo collega è
assente.

5 "I tuoi amici .... studiare questo pomeriggio?"
"Sì, ... finire i compiti."

6 La nonna .... andare a letto presto perché si sveglia alle sei
di mattina.

7 Filippo non .... invitare Eleonora.

2 Completa le seguenti frasi con *mi/me/ti/te*.

1 "Devo cucinare per .... e per .... ?"

2 Le chiedo ancora una volta se .... vuole bene, ma lei non ....
vuole rispondere.

3 "Marco, devo assolutamente dirtelo: io amo .... e soltanto
.... "

4 "Non .... devi mantenere più" dice la nonna a Filippo.
"Posso mantener.......... da sola."

5 "Chi .... può preparare questi buoni piatti se non tu?"
risponde Filippo.

6 "Nonna, ... dico sempre di non stare alzata
per .... !"

7 ".......... sdraio sul letto e
penso ad Eleonora."

Competenze linguistiche

1 Abbina le parole della colonna A con i sinonimi della colonna B.

A		B	
1	☐ ambizione	A	pasto serale
2	☐ soldi	B	divertente
3	☐ forte rumore	C	essere assente
4	☐ cena	D	casa di riposo
5	☐ ospizio	E	frastuono
6	☐ mancare	F	desiderio
7	☐ simpatico	G	denaro

Produzione scritta

1 Nel primo capitolo Filippo descrive Eleonora. Ricordi quali aggettivi usa? Ci sono altri aggettivi che conosci e che secondo te sono adatti ad Eleonora? Prova a descriverla.

2 Trovi che la vita di Filippo sia...

A ☐ monotona   B ☐ divertente
C ☐ faticosa   D ☐ appassionante

Perché?

....
....
....
....
....
....

Turismo in... Sardegna

La Sardegna è la seconda isola più grande d'Italia dopo la Sicilia. Il suo capoluogo [1] è Cagliari e si trova sulla costa meridionale dell'isola. È una città solare e mediterranea, con un caratteristico centro storico che si trova sul colle di Castello da dove si può ammirare uno splendido panorama sulla città, sul suo porto e sul Golfo degli Angeli. Recentemente restaurato, il centro storico è animato da botteghe artigianali, gallerie d'arte e ristoranti. È possibile ricostruire la storia e la cultura cittadina attraverso i percorsi storici all'interno delle mura, passando per la Cattedrale, il Bastione di Saint Remy, il Palazzo Reale, le Torri Pisane e la Cittadella dei Musei.

La Sardegna è una terra molto antica. Diversi popoli, tra i quali i Fenici [2] e i Romani, hanno lasciato tracce della loro dominazione, soprattutto sulle coste. Ancora oggi si possono ammirare i resti dell'antica città di Nora, nella costa sud-occidentale, non lontano dal capoluogo.

1. **capoluogo** : la città più importante di una regione.
2. **Fenici:** antico popolo del XXI a.C. che viveva nei territori del Medio Oriente.

All'interno dell'isola troviamo le testimonianze di una delle più misteriose civiltà [1] del Mediterraneo: la civiltà nuragica. Ci sono oltre 7.000 nuraghi sparsi su tutto il territorio sardo. I nuraghi erano torri-fortezza che nel 1000 a.C. circa dominavano i villaggi, popolati da tribù che praticavano la pastorizia, [2] l'agricoltura ed il commercio. Altre testimonianze dell'età nuragica sono le Tombe di Gigante e i Pozzi Sacri.

Ma la Sardegna è conosciuta soprattutto per le sue lunghe spiagge di sabbia bianca e per l'acqua trasparente del suo mare, un'attrazione per migliaia di turisti di tutto il mondo.

Grazie al clima caldo e secco, mite anche d'inverno, è possibile praticare gli sport acquatici quasi tutto l'anno.

Le escursioni a piedi o a cavallo nelle zone dell'interno rappresentano un'occasione per ammirare la natura selvaggia e per scoprire la cultura gastronomica dell'isola, legata alla pastorizia ed alle antiche tradizioni locali.

1. **civiltà** : caratteristiche di un popolo (cultura, valori e tradizioni).
2. **pastorizia**: forma di allevamento dove il pastore accompagna gli animali al pascolo.

CAPITOLO 2

Eleonora

ggi devo essere in studio molto presto; il nostro programma comincia alle sette di mattina. Ma prima devo vestirmi, truccarmi, prepararmi.

Ieri il capo ha detto:

"In studio con almeno due ore di anticipo!" [1]

Lui esagera [2] sempre; io arrivo alle cinque e mezza e già mi sembra tanto presto!

A quell'ora sono l'unica persona nello studio insieme alla truccatrice. Si chiama Marina Magnani, come la famosa attrice italiana, [3] ed è una signora molto gentile. Ha lavorato anche a Hollywood, ma poi è tornata in Italia per stare con la sua famiglia e adesso lavora nel nostro studio.

---

1. **due ore di anticipo** : due ore prima.
2. **esagerare** : far apparire qualcosa più grande e importante di quello che è.
3. **Magnani** : si riferisce ad Anna Magnani, interprete di celebri film nel periodo del dopoguerra.

Da Hollywood a TVSardinia, povera Marina... Come si dice? Dalle stelle alle stalle![1]

Alle sei sono pronta. Marina mi sistema i capelli e poi arriva il capo, il signor De Maffeis. Ha la faccia stanca.

Si avvicina a me, che sono seduta davanti allo specchio, e mi guarda da dietro.

"Come stai, Eleonora?" mi chiede gentile.

"Bene" dico io.

"Ti vedo fresca e bella come una rosa."

"Grazie."

"Brava tu che non fai le ore piccole!"[2] replica.

"È stato ad una festa?"

"Sì, una festa con gente dello spettacolo. Terribile!"

"Veramente?" esclamo. "Non è bello incontrare chi lavora in televisione e al cinema...? Tutte persone famose, no?"

Lui ride. Ride forte il signor De Maffeis. La sua risata riempie lo studio vuoto. In realtà, tutto ciò che fa è ad alto volume. Anche quando parla e canta, la sua sembra la voce di un gigante.[3] Ma lui non è un gigante. Anzi, è piuttosto piccolo di statura, anche se molto robusto.

Marina mi trucca, ma non parla con lui. Neppure lui parla con lei, se non quando è assolutamente necessario...

Un giorno Marina mi ha detto:

"A me non piace e io non piaccio a lui. Ma tu gli piaci... e molto! Stai attenta."

---

1. **dalle stelle alle stalle** : (modo di dire) passare da una situazione molto buona ad una cattiva.
2. **fare le ore piccole** : fare tardi la notte.
3. **gigante** : persona di dimensioni più grandi del normale.

"In che senso?" ho domandato io.

"Tu sei una ragazzina e non capisci. Quello è furbo, troppo furbo!"

Adesso sono pronta per la trasmissione 'Ore 7: TVSardinia'.

De Maffeis si siede vicino a me.

"Domani sera" mi dice "c'è un'altra festa. È sullo yacht di Franco P."

"L'attore!" esclamo io.

"Sì, proprio lui. Vuoi venire?"

"Oh sì! È una bella occasione [1] per me. Forse posso conoscere qualcuno con cui lavorare nel cinema, chissà..."

Io vedo che Filippo è dietro di noi. Ha in mano un lungo filo con il microfono.

"Scusate se vi interrompo," dice "ma Mario non è ancora arrivato e io devo mettere a posto questo e non so..."

Il signor De Maffeis si alza:

"Arrivo!" risponde.

Filippo non mi guarda e io neppure, ma so che ha sentito tutto e so che non mi approva.

Ma perché? Dopo tutto non faccio niente di male.

Quando vado in studio Filippo sta ancora mettendo a posto le luci.

Io mi avvicino.

"Ciao, Filippo" dico, e lo guardo diritto nei suoi begli occhi colore del mare.

Lui si passa una mano tra i capelli ricci e scuri e mi sorride.

"Scusa, ma devo fare in fretta. Qui non è pronto niente. Mario non è ancora arrivato."

---

1. **occasione** : opportunità, momento adatto.

"Vieni qui, Eleonora!" È il mio collega Affina che mi chiama, il giornalista che conduce la trasmissione.

È molto elegante, oggi porta anche un papillon; anch'io sono elegante. Ho un vestito rosso aderente[1] e un fiocco tra i capelli.

Io e Affina leggiamo l'elenco degli ospiti. Naturalmente lo abbiamo già visto. Ogni pomeriggio studiamo insieme il programma per il giorno dopo.

Lui mi dà qualche consiglio, ma è inutile perché io in questa trasmissione parlo poco. Devo sorridere, guardare la telecamera e poi ancora sorridere. Ho chiesto tante volte al signor De Maffeis di poter fare qualcosa di più nel programma.

"Ho fatto tanti corsi" gli ho detto. "Sono una vera attrice e posso parlare in trasmissione senza problemi."

Ma lui mi ha sempre risposto:

"Aspetta, aspetta, sei ancora giovane. Hai ventun anni. Le altre alla tua età sono ancora a fare provini[2] per diventare vallette."[3]

Le vallette! Ma io non voglio diventare una valletta. Io voglio fare l'attrice. Accidenti, perché De Maffeis non lo capisce?

Sono le 6 e 55. Le luci si accendono. Non vedo Filippo, ma so che è lassù a manovrare fari e faretti perché Mario, il tecnico delle luci, non è ancora arrivato. Ma quello è il nipote di De Maffeis e fa ciò che vuole. Povero Filippo!

Io mi siedo in poltrona.

---

1. **aderente** : stretto, attillato.
2. **provino** : breve prova di recitazione, di danza o di balletto che si svolge durante una selezione.
3. **valletta** : giovane donna che aiuta il presentatore di uno spettacolo televisivo.

Sono le sette. Comincia la trasmissione. La telecamera si sposta dal volto di Affina al mio. Sorrido e saluto.

"Buongiorno!" dico.

Affina parla e io sorrido. Sorrido, sorrido...

Comprensione

1 Indica se le seguenti affermazioni sono vere (V) o false (F).

		V	F
1	Eleonora si alza molto presto di mattina.	☐	☐
2	Alle cinque e mezza in studio ci sono altre persone.	☐	☐
3	Eleonora lavora anche come truccatrice.	☐	☐
4	Il signor De Maffeis va alle feste di persone famose.	☐	☐
5	Eleonora accetta l'invito ad una festa da parte del signor De Maffeis.	☐	☐
6	Eleonora vuole diventare una valletta.	☐	☐
7	Eleonora ha una parte molto importante nel programma della mattina.	☐	☐
8	In questo programma Eleonora lavora con il signor De Maffeis.	☐	☐

2 Quali sono i diversi lavori dei dipendenti di TVSardinia?

A	showgirl	B	direttore	C	regista e tecnico
D	giornalista	E	tecnico delle luci	F	truccatrice e parrucchiera

1	☐ Eleonora	4	☐ Marina
2	☐ Filippo	5	☐ De Maffeis
3	☐ Affina	6	☐ Mario

3 Collega queste caratteristiche ai diversi personaggi.

0	un aspetto gentile	Marina Magnani...
1	una voce potente	....
2	capelli ricci scuri	....
3	un abbigliamento elegante	....

4 Ascolta questi annunci e indica dove sono pronunciati.

0   "Buon giorno, gentili telespettatrici e telespettatori..."
televisione

1   ....

2   ....

3   ....

4   ....

Grammatica

1 Ricordi che il verbo *leggere* al presente è irregolare? Verifica la tua conoscenza completando questo esercizio.

1   Io .... un libro.

2   Voi .... ogni giorno il quotidiano?

3   Il presentatore .... l'elenco degli invitati.

4   (tu) .... la lettera del tuo fidanzato?

5   Eleonora e Affina .... il programma della giornata.

Competenze linguistiche

1 Collega ogni aggettivo al suo contrario.

1   ☐ gentile   A piacevole

2   ☐ riposato   B sconosciuto

3   ☐ elegante   C stanco

4   ☐ terribile   D ingenuo

5   ☐ furbo   E scortese

6   ☐ famoso   F trasandato

CAPITOLO **3**

In spiaggia

 ono quasi le sei. Mi preparo per uscire. Oggi, per fortuna, non ho il corso. Sono molto stanco. Vado direttamente a casa e a letto presto.

Eleonora sta parlando con De Maffeis.

Ieri sera sono stati alla festa e questa mattina sono arrivati tutt'e due all'ultimo momento. Eleonora è nervosa e tesa; lui invece sembra tranquillo e soddisfatto come sempre.

Mi chiedo cosa... No, non me lo devo neppure chiedere! Non sono fatti miei. Devo pensare ad altro: al film, a me stesso, al mio futuro.

Saluto ed esco. La mia moto è nel cortile. È vecchia e in cattive condizioni, ma adesso non posso permettermi di più. Devo risparmiare, per il mio film.

Sono già in sella[1] quando sento una mano sulla spalla. Mi giro: è Eleonora.

---

1. **in sella** : parte della moto su cui ci si siede.

"Filippo..." mi dice. Ha la faccia scura e preoccupata.

"Cosa c'è?" chiedo io. Non sono gentile. Credo di essere un po' arrabbiato con lei.

"Ce l'hai con me?" chiede.

Lo ha capito, quindi!

Non rispondo.

"È a causa di De Maffeis?" domanda ancora.

In quel momento esce De Maffeis. Ci lancia una lunga occhiata e chiede: "Vuoi un passaggio, Eleonora?"

Ha la solita voce grossa, una voce che si sente per tutta la strada.

Eleonora arrossisce. Sta zitta per qualche secondo, poi dice: "No grazie."

Lui si infastidisce. Non è abituato a sentirsi dire di no. Sale sulla sua macchina sportiva nera parcheggiata davanti allo studio. Una gran bella macchina...

Ma a me non importa niente delle macchine, non m'importa niente dei soldi, non m'importa niente di lui.

E per Eleonora è lo stesso? Non credo. A lei interessano i soldi, o soltanto il successo o, forse, le interessa anche De Maffeis. Forse è veramente innamorata di quello scimmione...

Vorrei chiederglielo, ma non ne ho il coraggio.

"Mi accompagni a casa?" mi domanda. Sono sorpreso.

"Sì, con piacere" le dico e partiamo.

In città a quest'ora c'è molto traffico: file di macchine ferme ai semafori, gente che cammina, che guarda i negozi... C'è già un sole molto caldo perché è quasi estate.

"Andiamo al mare" mi sussurra lei all'orecchio.

Siamo seduti in spiaggia adesso. La spiaggia è lunga e vuota. È maggio e ancora ci sono pochi turisti.

Eleonora però non guarda il mare. Guarda me. Ma io non capisco.

"Che cosa vuoi da me?" domando.

"Devi sapere..."

"Che cosa?"

"Che tra me e De Maffeis non c'è nulla."

"E ieri sera?" chiedo io.

Lei alza le spalle e guarda verso il mare aperto.

Ho capito che non vuole rispondere.

La guardo: è così bella, così tenera, così...

Ci baciamo lì, davanti al mare calmo, sulla spiaggia quasi deserta.

Lei mi dice ancora:

"Non voglio uscire più con quello!"

"Nessuno ti obbliga" rispondo io.

"Ma..."

"Ma... anche tu vuoi il successo, vero? E pensi che questo sia un modo facile per ottenerlo. Lui è potente. Conosce tanta gente nel mondo del cinema e della televisione. È un modo facile, sì, ma non è giusto e non è l'unico."

Lei mi stringe forte la mano. Ha una mano piccola e sottile.

"Mi piaci molto" dico io.

"Anche tu."

È allora che le parlo del mio corso per registi e del film.

"Tu potresti recitare nel mio, anzi nel nostro film..." le propongo.

"Credi?" dice lei. Ma subito aggiunge:

"Non è soltanto un sogno, Filippo? Per fare un film ci vogliono tanti soldi."

"Non per la trama che ho in mente. È una storia d'amore. Pochi attori, poche scene costose, abbiamo bisogno solo dell'attrezzatura di base. [1] Forse bastano anche meno di centomila euro."

"Tu hai centomila euro?"

"No, però... forse... qualcuno..."

Le nostre mani rimangono l'una nell'altra. I nostri sguardi si perdono all'orizzonte, nel cielo che diventa rosso.

"Un momento... un momento..." esclama Eleonora. "Forse quel qualcuno lo posso trovare io. Se non sono tanti soldi, c'è Affina."

"Affina, il giornalista?"

"Affina, l'ex-attore. Ha fatto diversi film, ma adesso è in crisi. Non gli piace stare da noi, a TVSardinia. Lui vorrebbe fare qualcosa di nuovo, d'importante, per tornare sulla cresta dell'onda. [2] Questo forse è un modo."

"Tu dici?" chiedo io dubbioso.

"Sì, sì, sì." Eleonora è saltata in piedi e batte le mani come una bambina.

Io l'abbraccio [3] ancora.

Il cielo diventa sempre più rosso mentre noi torniamo in città.

---

1. **attrezzatura di base** : insieme di strumenti assolutamente necessari.
2. **sulla cresta dell'onda** : essere nel pieno del successo.
3. **abbracciare** : stringere tra le braccia per dimostrare affetto.

Comprensione

1 Indica con una ✗ le giuste alternative.

1 Questo capitolo ha come protagonisti:

A ☐ Filippo   B ☐ Eleonora   C ☐ il signor De Maffeis
D ☐ Marina   E ☐ Mario   F ☐ Affina

2 La vicenda si svolge in:

A ☐ inverno   B ☐ autunno   C ☐ estate   D ☐ primavera

3 In questo capitolo si capisce che a Eleonora piace:

A ☐ Affina   B ☐ Filippo   C ☐ il signor De Maffeis

4 Per finanziare il film Eleonora e Filippo decidono di rivolgersi:

A ☐ a Marina   B ☐ ad Affina   C ☐ al signor De Maffeis

2 Qual è il mezzo di trasporto di Filippo e quale quello di De Maffeis? Descrivi le caratteristiche di entrambi.

A bicicletta   B automobile piccola e poco costosa
C motocicletta   D macchina sportiva

1 ☐ Filippo ....

2 ☐ De Maffeis ....

3 Con quali aggettivi sono descritti il mare e la spiaggia? Quali altri puoi associare a questi due luoghi?

Mare	Spiaggia

Competenze linguistiche

1 Quali tra i seguenti aggettivi hanno valore positivo e quali negativo?

nervoso   teso   tranquillo   soddisfatto   arrabbiato
rilassato   scuro   preoccupato   contento

Positivi   Negativi

....

....

2 Nel capitolo hai trovato i nomi di due mezzi di trasporto. Ne conosci altri? Completa la lista.

1   via aria: _deltaplano,_ ....

2   via terra: _automobile,_ ....

3   via mare: ....

Produzione scritta

1 Per formulare una proposta o una richiesta in italiano si può usare semplicemente il presente. Completa, seguendo gli esempi.

0   Chiedi al tuo amico di accompagnarti ad una festa.
Mi accompagni ad una festa? ....

00 Proponi a tua madre di andare a fare shopping.
Andiamo a fare shopping? ....

1   Proponi ad una tua amica di partire per Taormina.
....

2   Chiedi ad un parente di darti un passaggio.
....

3   Proponi ad un tuo compagno di studiare insieme.
....

4   Chiedi a tua sorella di prestarti un maglione.
....

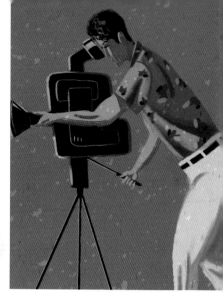

CAPITOLO 4

Il film

a nonna di Filippo è piccola, ha i capelli bianchi e,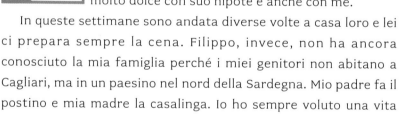
quando esce di casa, si veste a lutto [1] anche se
sono trascorsi molti anni dalla morte del marito. È
molto dolce con suo nipote e anche con me.

In queste settimane sono andata diverse volte a casa loro e lei
ci prepara sempre la cena. Filippo, invece, non ha ancora
conosciuto la mia famiglia perché i miei genitori non abitano a
Cagliari, ma in un paesino nel nord della Sardegna. Mio padre fa il
postino e mia madre la casalinga. Io ho sempre voluto una vita
diversa dalla loro.

Per questo sono venuta a Cagliari e ho cominciato a lavorare a
TVSardinia.

Con Filippo trascorro bellissime serate. Lui ha finito il suo
corso per diventare regista e adesso ha cominciato a lavorare al
soggetto del suo film.

---

1. **a lutto** : di nero per ricordare la morte di una persona cara.

Filippo ama il cinema e spesso mi mostra i suoi film preferiti. Ne ha almeno duecento, conservati in una grande libreria nel corridoio di casa sua.

"I più grandi capolavori del cinema" dice lui. "Ci sono tanti film americani, alcuni francesi e tedeschi e poi quelli italiani. I film di De Sica, di Monicelli, di Rossellini, quasi tutti in bianco e nero."

Li guarda e li commenta scena per scena.

"Vedi," dice "questa scena è girata tenendo la cinepresa in questo e questo modo."

Io, invece, osservo come recitano le attrici, anche se non mi piace quel tipo di recitazione. Preferisco le attrici italiane di oggi, il mio idolo è Laura Morante.

Filippo ha quasi scritto tutta la sceneggiatura. [1]

Ormai sono mesi che lavora a questo progetto e non c'è nulla che possa fermarlo... Da metà giugno vuole cominciare a girare.

Abbiamo cinque mesi di tempo: vuole presentare il nostro film ad un concorso cinematografico. Si chiama FILMfestival e si tiene a dicembre, in Umbria.

Il titolo è: 'La ragazza misteriosa' e la trama è molto bella, anche se un po' complicata. La protagonista, Veronica, ha una vita molto diversa dalla mia, ma mi impegnerò al massimo per entrare nel ruolo. Lo faccio anche per Filippo...

Personaggi principali :	Veronica (Eleonora)
	Massimo (Filippo)
	Carlo (Affina)

---

1. **sceneggiatura** : testo scritto di un film o di uno spettacolo.

Trama

Veronica è una ragazza di ventisei anni. Vive sola a Cagliari e lavora in una grande azienda. È una vera donna in carriera: intelligente, decisa e competente. In aereo, di ritorno da un meeting d'affari, incontra Massimo, un pittore. Veronica ha un fidanzato, Carlo. Gli vuole bene, ma non lo ama. Quando per caso incontra di nuovo Massimo, s'innamora di lui. Veronica lascia Carlo e comincia una storia d'amore con Massimo. Sono molto diversi, ma si amano tanto. Veronica, a volte, si comporta in modo strano e Massimo non la capisce. Finché un giorno lui le chiede di sposarlo, ma lei rifiuta e dice di non volerlo più vedere. Massimo cerca di capire la ragione del suo comportamento. Fa delle ricerche e, infine, scopre il suo segreto: da bambina Veronica ha perso la famiglia in un grave incidente in mare e si sente colpevole per quanto è accaduto. Massimo la riporta nel luogo dove questo incidente è avvenuto e Veronica, per la prima volta, racconta tutto e supera il trauma[1] infantile.

Naturalmente la storia ha un lieto fine.

E i soldi? Non sono più un problema!

Affina ha letto la sceneggiatura e l'ha approvata. Ci aiuterà.

"Una storia alla Hitchcock" ha commentato. "Mi piace molto."

Filippo ha mostrato anche la lista di cose da comperare: fari, faretti, microfoni speciali e, soprattutto, una telecamera digitale e un computer speciale per il montaggio del film. Queste due

---

1. **trauma** : turbamento causato da una forte emozione; evento negativo che deprime.

ultime cose hanno cifre da brivido. [1] D'altra parte, almeno gli attori non costano niente e neppure i luoghi dove giriamo il film: le strade di Cagliari, la spiaggia e lo studio di TVSardinia.

Affina ha chiesto a De Maffeis il permesso di filmare di notte quando lo studio è libero.

"Sì, sì" ha detto lui, ma non sa che dietro a questo ci siamo io e Filippo, altrimenti...

De Maffeis mi ha invitato ancora ad una festa e io non ci sono andata.

Mi ha anche invitato a cena; io ho inventato ogni volta una scusa diversa.

Io e Filippo non ci parliamo in studio, ma sono sicura che lui sospetta qualcosa.

"È geloso come Otello!" mi ha detto Marina. "Se capisce che stai con Filippo, vi licenzia tutt'e due."

Ma questo non deve succedere, almeno finché non abbiamo finito il film. Abbiamo bisogno dello stipendio!

Marina mi ha avvertita di nuovo:

"Stai attenta, stai attenta... Quell'uomo è una volpe!"

Uno scimmione, una volpe, ma quanti animali è mai il signor De Maffeis?

1. **cifre da brivido** : costi molto alti.

Comprensione

1 Com'è la nonna di Filippo? Inserisci le informazioni richieste.

1 statura: ....

2 capelli: ....

3 abbigliamento: ....

2 Completa il seguente brano su Eleonora.

Eleonora viene da un (**1**) .... che si trova (**2**) ....
della Sardegna. Suo padre fa (**3**) .... e sua madre
(**4**) .... È venuta a Cagliari perché (**5**) ....
Adesso trascorre le sue serate con (**6**) ....

3 Eleonora espone la trama del film che Filippo vuole girare. Immagina
che quella che segue sia una classica scheda cinematografica. Inserisci
i dati mancanti.

Titolo del film: ....

Genere: romantico/thriller ....

Protagonisti: Veronica, ...

Ambientazione (città/luogo): ....

4 Affina accetta di finanziare il film. Quali dei seguenti oggetti sono
necessari? Indica con una ✗.

1 ☐ microfoni   6 ☐ abiti

2 ☐ altoparlante   7 ☐ computer

3 ☐ registratore   8 ☐ cinepresa/telecamera digitale

4 ☐ fazzoletti   9 ☐ faretti

5 ☐ biciclette   10 ☐ luci

Competenze linguistiche

1 Scrivi sotto ogni immagine il nome appropriato.

altoparlante   cinepresa   faretto
microfono   regista   registratore

1 [   ]   2 [   ]   3 [   ]

4 [   ]   5 [   ]   6 [   ]

2 Indica con una ✗ la parola intrusa.

1   A ☐ cantante   B ☐ attore   C ☐ idraulico   D ☐ ballerina
2   A ☐ cinepresa   B ☐ faretti   C ☐ luci   D ☐ moto
3   A ☐ genitore   B ☐ attore   C ☐ regista   D ☐ produttore
4   A ☐ sposarsi   B ☐ fidanzarsi   C ☐ spostarsi   D ☐ innamorarsi
5   A ☐ geloso   B ☐ furbo   C ☐ abile   D ☐ intelligente

PROGETTO INTERNET

La storia è ambientata in Sardegna. Su questa regione ti abbiamo dato qualche informazione nelle attività del primo capitolo (vedi pp. 13-14), ma sulla Sardegna c'è molto di più da sapere... Ti consigliamo quindi di fare una ricerca in Internet. Vai sul motore di ricerca www.google.it e digita la parola "Sardegna". Appaiono naturalmente numerosi siti. Ti consigliamo di scegliere un sito legato al turismo.

Ti chiediamo di trovare informazioni sui seguenti argomenti: mare/montagna/città/fauna.

Hai letto?

Adesso rispondi a queste domande.

▶ Quali sono le località di mare più famose?

▶ Se hai visto delle fotografie, quali ti sembrano i luoghi più belli?

▶ Dove si trovano le località di montagna?

▶ Quali sono le città principali?

▶ Cita almeno tre animali "tipicamente sardi", che cioè sono piuttosto rari in altre parti d'Europa o del mondo.

CAPITOLO 5

CIAK! Si gira!

È agosto. Esco a mezzanotte. In cinque minuti sono da Eleonora. Abita con altre tre ragazze in un appartamento vicino a casa mia. Quando arrivo, lei in genere mi aspetta in strada.

Ieri le ho chiesto di vestirsi in modo particolare: indossa un abito azzurro e lungo. I capelli neri le cadono sulle spalle. Una vera principessa. Perfetta per la scena del film: quella in cui Massimo chiede a Veronica di diventare sua moglie.

Dieci minuti e siamo in studio.

Le trasmissioni di TVSardinia finiscono poco prima della mezzanotte. De Maffeis ha lasciato tutto in mano a Mario perché va in vacanza. Anche noi siamo in vacanza. La trasmissione di Eleonora ricomincia in settembre.

Affina ci aspetta nello studio. Insieme a lui c'è un suo amico. Si chiama Aldo, ha sessant'anni ed è un ex-attore. In passato ha recitato negli sceneggiati [1] televisivi. Ha i capelli bianchi e ha un

---

1. **sceneggiato** : rappresentazione in genere a puntate.

bel viso simpatico; è lui che fa le riprese quando noi recitiamo ed è ancora un ottimo attore.

Anche Affina è bravo, anzi molto bravo. Attore e non solo... sa tanto di cinema e mi aiuta a fare il regista.

Eleonora recita bene. Io... un po' meno!

Luci e faretti sono a posto. Intanto Eleonora e Affina preparano la scena: un tavolo, piatti e bicchieri su una grande tovaglia rossa, tutte cose che abbiamo trovato lì nello studio. Adesso ripetiamo la scena insieme ancora una volta e poi... CIAK! Si gira!

A volte dobbiamo ripetere tutta una scena perché una parola, una frase non sono pronunciate nel modo giusto.

Sono le cinque di mattina. Abbiamo finito.

Usciamo che è quasi l'alba.

"Sono molto stanco" dice Affina.

Segue un coro di "anch'io".

"Ciao, ragazzi" saluta Affina.

"Ci vediamo questo pomeriggio" gli ricordo io. "Dobbiamo riguardare le scene di oggi."

"Io invece sono qui domani a mezzanotte" dice Aldo.

Eleonora sale con me in moto. Stessa strada dell'andata, ma poche, pochissime macchine.

"A quest'ora in giro non c'è proprio nessuno" mi sussurra all'orecchio.

Passiamo sulla strada vicino al mare e lei mi chiede di fermarmi.

"Un attimo solo, al mare" dice.

"Sì, va bene" rispondo io.

Sono stanco, ma ho voglia di stare con lei. Ho voglia di guardare il mare.

Sta sorgendo il sole, ma è ancora pallido [1] e basso e l'aria è fresca.

Sdraiati, mano nella mano, ci addormentiamo sulla spiaggia. Quando ci svegliamo il sole è già alto nel cielo.

E io non mi sento più stanco.

Stare con Eleonora è splendido.

1. **pallido** : senza o con poco colore.

Comprensione

1 Rispondi alle seguenti domande sulla vicenda raccontata in questo capitolo.

1 Filippo dove aspetta Eleonora?

   ....

   ....

2 Dove girano la scena del film?

   ....

   ....

3 Chi c'è nello studio?

   ....

   ....

4 Che cosa fanno Filippo ed Eleonora dopo le riprese?

   ....

   ....

2 Chi recita nel film? Quali ruoli ha ognuno?

1 ....

2 ....

3 ....

4 ....

3 Che cosa sappiamo di Aldo?

Ha (**1**) .... anni.

È un amico di (**2**) ....

È un bravo (**3**) ....

In passato ha recitato negli (**4**) ....

Competenze linguistiche

1 Indica con una ✗ gli aggettivi che si riferiscono al mare.

1 ☐ pieno   2 ☐ mosso   3 ☐ liscio   4 ☐ forte
5 ☐ intenso 6 ☐ ondoso 7 ☐ azzurro 8 ☐ luminoso

2 Le 24 ore di una giornata
Indica per ogni ora se è: mattina, mezzogiorno, pomeriggio, sera, notte.

1 ore 7: ....
2 ore 19: ....
3 ore 24: ....
4 ore 11: ....
5 ore 12: ....
6 ore 14: ....

3 Indica che ore sono sotto ciascun orologio e scrivi sul quaderno sei frasi che descrivono quale attività svolgi abitualmente durante ognuna di queste ore.

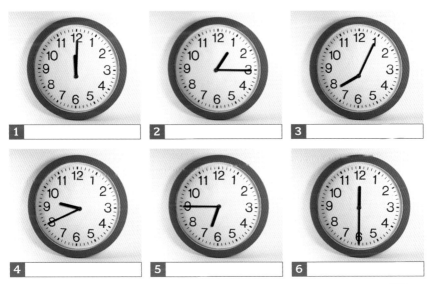

1 _____ 2 _____ 3 _____

4 _____ 5 _____ 6 _____

CAPITOLO **6**

Il furto

anca poco alla fine del film: ancora alcune scene da girare in studio e due al mare, sulla spiaggia.
"Sicuramente ce la facciamo" dice Affina.
"Anche se poi dobbiamo procedere al montaggio."

Come sempre, arriviamo in studio poco dopo la mezzanotte.

Cominciamo a preparare. Io vado a prendere una sedia dallo sgabuzzino[1] quando vedo un'ombra che si muove. Almeno, mi sembra di vedere un'ombra e sento dei passi.

Torno di corsa nello studio.

"C'è qualcuno di là" dico indicando lo sgabuzzino.

Filippo, Affina e Aldo vanno decisi verso la stanzetta.

Guardano dentro e fuori.

"Non c'è nessuno qui!" esclama Filippo. "Forse sei stanca e te lo sei immaginato."

---

1. **sgabuzzino** : piccola stanza in cui si mettono oggetti vari, ripostiglio.

Non me lo sono immaginato, sono sicura, ma non insisto.

Soliti preparativi e poi... CIAK! Si gira!

È mattina e io sono ancora in studio. Ho dormito qui. Tre sole ore. Invece Filippo e Affina non hanno proprio dormito.

De Maffeis arriva alle sei, mentre Marina mi sta truccando. Ha la faccia allegra e abbronzata.

"Allora, come sono andate le vacanze?" mi chiede. "Mi sembri stanchina, eh..."

"E a lei, come sono andate?" domando io, senza rispondere alla sua domanda.

"Bene, molto bene. Un gran bel viaggio in barca a vela..."

Alle sette comincia la solita trasmissione.

"Bentornati, gentili telespettatori" saluta Affina con un grande sorriso.

E anch'io, come sempre, sorrido e sorrido.

Ma quando alle dieci la trasmissione finisce, De Maffeis comincia a girare per lo studio con una faccia scura e arrabbiata.

"Cosa succede?" chiedo.

"Non trovo più il mio portafogli" dice lui. "Ci sono dentro diecimila euro."

"In contanti?"[1] chiede Affina.

"Sì. Ne ho bisogno per..." Non completa la frase e continua a cercare. Guarda sotto le sedie e sotto il tavolo, poi di nuovo mette le mani nelle tasche della giacca e dei pantaloni e scuote la testa: il portafogli non c'è più.

---

1. **in contanti** : (qui) in banconote.

"Senti zio... c'è poco da fare. Qualcuno lo ha rubato" dice Mario.

"Sì, credo anch'io" risponde De Maffeis. "Adesso chiamo la polizia."

Affina si mette in mezzo.

"Ma no, ma che cosa fa?" dice. "La polizia... qui ci conosciamo tutti, siamo amici, come può pensare..."

Ma non c'è niente da fare.

De Maffeis ha in mano il cellulare e già sta parlando con il 113. [1]

Il commissariato [2] è molto vicino allo studio di TVSardinia. Dopo dieci minuti, arriva una macchina con due poliziotti, una donna e un uomo.

I poliziotti ci perquisiscono, [3] controllando abiti e borse. Di tutti.

Ad un certo punto, la donna poliziotto domanda:

"Di chi è questa giacca?"

Tiene in mano una giacca e la mostra.

"È mia" risponde Filippo. È bianco come un fantasma.

La donna poliziotto mostra con l'altra mano un portafogli di pelle nera.

"È questo, signor De Maffeis?" domanda.

"Sì" risponde lui.

"Era nella tasca interna di questa giacca" dice la donna poliziotto e di nuovo mostra la giacca.

"Ma io non c'entro niente!" grida Filippo.

"Lei deve venire con noi" dicono i poliziotti.

---

1. **113** : numero di telefono della polizia.
2. **commissariato** : sede della polizia.
3. **perquisire** : cercare con molta attenzione per trovare cose nascoste.

De Maffeis gli sta davanti e scuote la testa. Sembra dispiaciuto. Io guardo lui e guardo Filippo.

Filippo non è un ladro, lo so bene. Invece De Maffeis è una volpe, anzi un lupo, un lupo cattivo.

Ho capito tutto.

"Voglio venire con voi in questura"[1] dico ai poliziotti. "Io sono sicura... Filippo è innocente. Non ho alcun dubbio su quanto è successo."

L'ho detto a Filippo, l'ho detto ai poliziotti: De Maffeis ha voluto vendicarsi del fatto che io e Filippo stiamo insieme e non solo... che abbiamo usato il suo studio per fare un film, ... il nostro film.

"È venuto in studio ieri sera e ci ha visto. Si è arrabbiato e ha pensato a come vendicarsi."

"Ma vi aveva dato il permesso di girare il film, no?" chiede la donna poliziotto.

"Non a noi, a uno degli attori, al signor Affina" rispondo io.

"Lei afferma quindi che è un furto simulato[2] da De Maffeis perché è innamorato di lei ed è geloso della sua relazione con Filippo?"

"Sì, ne sono sicura."

---

1. **questura** : sede della polizia.
2. **simulato** : non vero.

Il cinema neorealista

Filippo ama il cinema e vede tanti film in bianco e nero, soprattutto italiani. Forse anche tu conosci alcuni registi o attori italiani, come Alberto Sordi, Vittorio Gassman, Ugo Tognazzi, Marcello Mastroianni, Anna Magnani. Qui di seguito ti presentiamo la scheda di un noto regista, Vittorio De Sica, e di una altrettanto famosa attrice, Anna Magnani.

Vittorio De Sica (1901-1974)

Fu un grande attore e uno dei più importanti registi della storia del cinema.

Da Napoli va ad abitare a Roma con la famiglia, dove prende il diploma da ragioniere e intanto comincia a lavorare in teatro.

Con il film *I bambini ci guardano* (1942) ha inizio la produzione cinematografica di De Sica che lo ha fatto diventare, insieme a Roberto Rossellini, un maestro del Neorealismo.[1]

Nel 1946 *Sciuscià*, un ritratto dell'infanzia abbandonata, riceve l'Oscar come miglior film straniero. Succede lo stesso con *Ladri di biciclette* (1948), sulla condizione dei disoccupati nel dopoguerra.

Ormai è considerato in tutto il mondo un maestro quando produce *Miracolo a Milano* (1950) e *Umberto D.* (1952), pellicola sulla vecchiaia e sulla dignità della miseria, da molti considerata il suo capolavoro.

1. **Neorealismo** : tendenza a rappresentare, dopo la seconda guerra mondiale, gli aspetti quotidiani, anche i più crudi, della realtà.

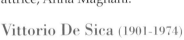

Anna Magnani (1908-1973)

Una donna rincorre disperata il camion in cui si trova il marito catturato dai nazisti. Dal veicolo parte una raffica di mitra e lei cade a terra in fin di vita. In questa scena del film *Roma città aperta* (1945) ci sono tutta la forza, la drammaticità e la carica umana di Anna Magnani, attrice simbolo del Neorealismo, il cui debutto risale al 1934 con il film *La cieca di Sorrento* di Nunzio Malasamma.

È degli anni '50 l'incontro con il regista Visconti, per il quale recita in *Bellissima* (1951), storia amara di una madre che sogna una carriera cinematografica per la figlia. È una star internazionale quando, nel 1962, inizia a lavorare con il regista Pier Paolo Pasolini, che la rende protagonista del film *Mamma Roma*. La forte personalità di Anna si scontra però con quella dell'intellettuale.

L'ultimo suo film è *Roma* (1972), nel quale interpreta brevemente se stessa per la regia di Federico Fellini.

1 Rispondi alle seguenti domande.

- Conosci il cinema italiano?
- Qual è il tuo/a attore/attrice preferito/a?
- Regista o attore? Quale delle due professioni ti piace di più?

CAPITOLO **7**

La trappola

notte. Sono nello studio e aspetto De Maffeis. Ho
un appuntamento con lui.

Indosso il vestito azzurro lungo. Sono vestita
come Veronica nel film.

L'appuntamento è per le due. Sono le due e dieci e ancora De
Maffeis non è arrivato.

Guardo continuamente l'orologio e intanto penso a quello che
devo dirgli.

Sono nervosa e batto le dita sul tavolo dello studio, lo stesso
tavolo a cui ogni mattina siedo con Affina.

Improvvisamente sento una voce dietro di me:

"Ciao, Eleonora!" Tra le pareti sembra di sentire la voce di un
leone. Perché quando si pensa a De Maffeis viene sempre in
mente un animale e sempre un animale diverso?

Si siede davanti a me e accende un sigaro. Io odio i suoi sigari.
Puzzano terribilmente. Ma a lui non importa.

Mi guarda con i suoi occhi piccoli e scuri, con sospetto. [1]

---

1. **sospetto** : dubbio sul comportamento di qualcuno.

"Cosa vuoi?" mi chiede.

"Parlare."

"Perché qui e adesso? Tra qualche ora cominci a lavorare, sai... Non sei stanca?"

"Non riesco a dormire comunque."

"È a causa del tuo fidanzato? Filippo?"

"Non è il mio fidanzato."

"Ah... bugiarda..."

I suoi occhi piccoli diventano ancora più piccoli.

"Non sono una bugiarda!" protesto io. "Le dico che non è il mio fidanzato anche se lei lo ha creduto. Non mi metto con i perdenti!" [1]

"Ma se è diventato un regista adesso..." dice lui con tono ironico. [2]

"E allora? È un poveraccio."

"Però hai scelto lui!"

"Non è così. Io... io... ero solo... come dire... confusa. Poi lei se n'è andato per tutto quel tempo e io..."

Una lacrima mi scivola giù per la guancia. Lui si alza e mi prende le mani tra le sue.

"Il fatto è che a lei non importa nulla di me" dico io.

"Ma come puoi pensarlo?" De Maffeis cerca di fare una faccia dolce e ci riesce quasi: la faccia di uno squalo [3] intenerito!

"Mi ha lasciato un mese qua da sola tra le sue braccia e poi..."

Si avvicina per darmi un bacio. Lo allontano con dolcezza.

"E poi... io sono sicura... non le importa nulla di me!" aggiungo.

"Ma se ho fatto tutto... tutto questo per te?"

---

1. **perdente** : chi non ha successo nella vita.
2. **ironico** : polemico, di chi vuol prendere in giro.
3. **squalo** : pesce molto grande.

Amore e Cinema

"Cosa vuol dire?"

"Mmmhhh..." esita. Di nuovo si avvicina per baciarmi.

"Vuol dire la storia del portafogli?" domando io.

"Io... veramente..."

"Vuol dire che lei mi ama al punto... da far arrestare Filippo per avere me?"

"Sì, sì..."

Sorride mostrando i denti aguzzi[1] e adesso sembra una iena.

"Sì, ho giocato un bel tiro[2] al tuo amichetto, eh...?"

Poi ricorda cosa gli ho chiesto e mi dice:

"Sì, io ti amo tanto e vorrei..."

Improvvisamente si sente una voce tra le pareti dello studio, ma non è più quella di De Maffeis. È la voce di un uomo, di un poliziotto.

"Signor De Maffeis" dice "deve venire con me al commissariato."

Lui si alza in piedi e mi guarda con occhi di fuoco.

"Tu..." mi dice "tu..." E per fortuna è così arrabbiato che non trova le parole.

Io, d'altra parte, non sono per niente pentita.

È vero: è stata una trappola. Ho convinto i poliziotti a venire con me questa notte e ora il signor De Maffeis avrà dei guai, non il mio Filippo.

Filippo adesso è fuori. Ci abbracciamo forte.

Gli racconto quello che è successo e lui mi dice:

"Sei stata grande."

E aggiunge:

"Adesso possiamo continuare il film."

1. **aguzzo** : appuntito.
2. **giocare un tiro** : fare qualcosa di spiacevole o dannoso.

54

Comprensione

1 Indica con una ✗ la giusta alternativa.

1 Nel capitolo 6 chi racconta è

A ☐ Eleonora

B ☐ Filippo

C ☐ Affina

2 Eleonora, Filippo, Affina e Aldo si trovano nello studio

A ☐ di mattina presto

B ☐ di notte

C ☐ di sera

3 Durante le riprese Eleonora sente

A ☐ dei passi

B ☐ un rumore

C ☐ la voce di alcune persone

4 Crede che

A ☐ sia un ladro

B ☐ sia il signor De Maffeis

C ☐ siano altri attori

5 Eleonora questa mattina partecipa alla solita trasmissione, perciò

A ☐ non ha dormito

B ☐ ha dormito nello studio

C ☐ ha dormito a casa

6 De Maffeis dice che non trova più il portafogli. Crede

A ☐ di averlo perso

B ☐ che qualcuno glielo abbia rubato

C ☐ di averlo lasciato a casa

7 Quando arrivano i poliziotti, trovano il portafogli

A ☐ in una tasca della giacca di De Maffeis

B ☐ in un cassetto della scrivania di Filippo

C ☐ in una tasca della giacca di Filippo

8 Quando arrestano Filippo, Eleonora

A ☐ rimane in studio

B ☐ torna a casa

C ☐ va con loro

9 Perché

A ☐ è stanca

B ☐ vuole spiegare che cosa è successo

C ☐ vuole parlare con De Maffeis

2 Quella stessa notte accade qualcosa nello studio di TVSardinia. Completa il riassunto del capitolo 7 con le parole che seguono.

> arrestano   trucco   baciare   confessare   l'appuntamento
> fidanzato   libero   trappola

(1) .... è alle due; De Maffeis arriva in ritardo. De Maffeis dice che Filippo è il (2) .... di Eleonora, ma lei nega. De Maffeis vuole (3) .... Eleonora che, invece, lo spinge a (4) .... che la storia del portafogli rubato è stato un (5) .... per far arrestare Filippo. De Maffeis cade nella (6) .... e parla. I poliziotti, che hanno sentito tutto, (7) .... De Maffeis. Filippo è (8) ....

3 Ascolta gli annunci della polizia su due ricercati: un uomo e una donna. Poi completa gli identikit.

Identikit 1	Identikit 2
sesso	sesso ....
età	età ....
altezza	altezza ....
capelli	capelli ....
occhi	occhi ....
abbigliamento	abbigliamento ....
segni particolari	segni particolari ....

Competenze linguistiche

1 Il signor De Maffeis viene associato ai seguenti animali. Scrivi sotto ad ogni immagine il nome giusto.

....

....

2 Completa con l'aggettivo adeguato. (Attenzione alla concordanza!)

sospettoso   bugiardo   confuso   stanco   pentito

1 Massimo ha detto una bugia ai suoi genitori e adesso è ....
2 Vincenzo non sa che cosa fare. È ....
3 Marina crede che il suo fidanzato stia uscendo con un'altra.
  È ....
4 Carlo non dice mai la verità. È un ....
5 Vanessa ha lavorato tutto il giorno, adesso è molto ....

3 Trova nel riquadro le parole che corrispondono a queste definizioni.

1 Eleonora la tende a De Maffeis.

2 Si dice prima di girare un film.

3 Contiene denaro e documenti.

4 Lo è chi ruba.

5 Si può portare sopra la camicia.

6 Si fumano ma non sono sigarette.

7 Si chiama anche 'telefonino'.

8 Contrario di 'giorno'.

9 Può esprimere dolore, commozione, ma anche gioia.

10 Sinonimo di 'muro'.

11 Si può pagare con carta di credito, assegni o in...

T	L	A	C	R	I	M	A	R	I
R	A	C	I	A	K	S	D	O	L
A	D	T	O	G	V	I	C	H	P
P	R	U	P	I	P	N	I	C	S
P	O	R	T	A	F	O	G	L	I
O	S	S	L	C	E	T	Z	M	G
L	G	P	U	C	P	T	N	E	A
A	P	R	P	A	R	E	T	E	R
C	E	L	L	U	L	A	R	E	I
C	O	N	T	A	N	T	I	B	U

Grammatica

1 Volgi queste frasi al passato prossimo. (Attenzione al verbo ausiliare.)

0 Ci dà il permesso. *Ci ha dato il permesso.*

00 Mario viene a casa mia. *Mario è venuto a casa mia.*

1 Vado all'università. ....

2 Dove sei? ....

3 Parlate con Vera? ....

4 Mangio in un ristorante con i miei amici.

....

5 Dormiamo poco. ....

6 Perché vieni qui, Marco? ....

7 Mi scrive una lettera. ....

CAPITOLO 8

Un nuovo lavoro

he spavento! Mi sono visto in una cella per chissà 🔊11 quanto tempo... Sai che guaio... [1] La nonna da sola a casa senza un soldo, il film lasciato a metà, mesi di prigione. Per fortuna Eleonora mi ha salvato! E sono di nuovo libero.

De Maffeis è stato al commissariato, ha chiamato il suo avvocato e in poche ore era di nuovo in libertà. La prima cosa che ha fatto, una volta fuori, è stato licenziare me ed Eleonora. Affina naturalmente no.

"Lui" ha detto "non c'entra nulla."

Ma in realtà il fatto è che Affina gli è necessario per la trasmissione. Il pubblico di TVSardinia ama Affina e uno come lui non si trova dall'oggi al domani!

---

1. **guaio** : problema.

A Eleonora, invece, De Maffeis ha detto con tono cattivo:

"Di ragazze come te ce sono a decine."

Lei non ha neppure risposto. Lo stesso giorno si è messa a cercare un lavoro in città e l'ha trovato subito: adesso fa la commessa in un'elegante boutique nel centro di Cagliari. Bella e raffinata com'è, la mia Eleonora non ha avuto problemi.

Per me la cosa è stata un po' più difficile: so fare tante cose, ma necessarie solo in uno studio televisivo.

Dopo tante ricerche, ho trovato lavoro in un bar, dalle sei di mattina alle due di pomeriggio. Non mi pesa, io sono abituato a svegliarmi presto e poi c'è il vantaggio che mi rimane tanto tempo per il film.

Ieri pomeriggio ho visto Affina, che mi ha detto:

"Ho avuto una lunga discussione con De Maffeis. Quello che ti ha fatto, o meglio, ha cercato di farti, è veramente disgustoso. Gli ho detto che quando scade il contratto per la trasmissione non mi vede più."

E bravo Affina! Speriamo solo che TVSardinia chiuda senza di noi...

Dodici ottobre, domenica. Abbiamo girato l'ultima scena.

Pronti per il montaggio. Abbiamo tempo fino a metà dicembre. Poi spediamo il film.

Eleonora viene soltanto di sera, subito dopo il lavoro. Affina va a casa e lei resta con me. La nonna ci prepara la cena.

"Non ti dispiace non far mai niente?" le chiedo io, che mi sento un po' in colpa. "Cosa vuoi dire?" domanda lei.

"Beh, non andiamo mai da nessuna parte: niente cinema,

niente discoteca, niente feste... Tutto quello che De Maffeis poteva offrir..."

Mi interrompe:

"Non dirlo neanche! Non m'importa niente. L'importante è restare con te."

"Comunque la nostra vita sarà diversa dopo la fine del film" insisto io. "Allora sì, potremo uscire, andare..."

"Non m'importa" ripete Eleonora.

Poi mi domanda del concorso:

"Adesso mandiamo il film, e poi cosa succede?"

"Una giuria [1] di esperti guarda tutti i film e ne sceglie dieci."

"E li premia tutti?"

"No, anche se è già importante essere tra quei dieci, cioè arrivare in finale. Perché, vedi, al concorso arrivano sempre tanti film: centocinquanta, duecento..."

"Così tanti?"

"Certo. Da tutta Europa, anche da fuori Europa. Tanta gente come noi, che vuole avere successo."

"Quindi se il nostro è tra questi dieci film, è già..."

"È già un successo."

"E con quei dieci che cosa succede?"

"Questi dieci sono visti e giudicati non più da esperti, ma da un normale pubblico."

"Speriamo di farcela!" [2] esclama Eleonora.

---

1. **giuria** : gruppo di persone che valutano i partecipanti a gare e consorsi.
2. **farcela** : riuscire (colloquiale).

Il lavoro al bar non è faticoso, faticoso è tornare a casa e subito cominciare a lavorare.

La nonna mi rimprovera:

"Sei un pazzo, sei un vero pazzo. Ma chi te lo fa fare..."

"Ancora poche settimane," le dico io "ancora poche settimane e finiamo."

Lei non capisce bene.

"Perché tutto questo affannarsi,[1] senza un attimo di pausa?" mi chiede.

"Tuo nonno Gigi era pescatore e io stavo a casa. Il nonno ha fatto lo stesso lavoro tutta la vita. Pochi soldi, ma una vita tranquilla."

Questa è la cosa importante per lei. Ma non per me.

"Io non voglio una vita tranquilla!" protesto.

"Lo so, lo so" sospira la nonna. "Anche tuo padre era così, e tu assomigli in tutto a lui: idealista, sognatore, inquieto... ma soprattutto onesto e leale."

Le vado vicino e l'abbraccio.

Intanto è calata[2] la sera. La luna piena, che si vede dalla finestra, sembra sorridere e annunciare un futuro diverso.

---

1. **affannarsi** : sforzarsi, affaticarsi
2. **calare** : (qui) scendere, tramontare il sole.

CAPITOLO **9**

In attesa

È Natale e, come ogni anno, sono tornata al mio  paese per trascorrere le vacanze con i miei genitori.

Mi fanno sempre una grande festa e la mamma mi prepara i sebadas[1] e i malloreddus,[2] che mi piacciono tanto.

Quest'anno rimango solo una settimana perché voglio passare Capodanno con Filippo, che è tutto solo.

"Non è un problema" ha detto prima della mia partenza. "Anche l'anno scorso ho passato il Capodanno con la nonna."

"E i tuoi amici?" ho chiesto io.

"Io ho pochi amici, in effetti soltanto due. E tutt'e due lavorano in questo periodo."

"Ma non conosci nessun altro?"

---

1. **sebadas** : dolci sardi.
2. **malloreddus** : gnocchetti sardi.

"Sì, conosco tanta gente a Cagliari, ma con queste persone non ho voglia di passare il Capodanno. Ho voglia di passarlo con te. Però anche questo non è assolutamente necessario."

Tipo strano Filippo, veramente strano! Non ho mai conosciuto nessuno come lui.

Gliel'ho detto:

"Tutti quelli che conosco hanno un grande desiderio e forse anche bisogno di stare insieme agli altri."

Filippo ha sorriso:

"Io no. Io ho solo bisogno di te!"

In realtà, quando torno a Cagliari, proprio il 31 dicembre, Filippo mi dice che siamo invitati ad una festa da Affina.

"Ma a te non piacciono le feste!" esclamo io.

"A te sì, però. E Affina ha tanto insistito..." risponde lui. Ho promesso poi alla nonna che il primo gennaio mangiamo qui a casa con lei. Ci prepara un vero pranzo sardo."

La festa di Affina è nella sua villa sul mare, appena fuori Cagliari.

C'è molta gente. Affina ci presenta anche un suo amico regista e degli attori. Noi siamo i più giovani! Ma ci divertiamo lo stesso.

Quando arriva la mezzanotte stappiamo [1] le bottiglie di champagne.

Filippo è vicino a me. Solleva il calice [2] e dice solennemente: [3]

"Io e te per sempre."

"Io e te per sempre" ripeto io.

---

1. **stappare** : togliere il tappo, aprire.
2. **calice** : bicchiere da cui si beve lo spumante.
3. **solennemente** : con grande serietà.

Dalla villa vediamo i fuochi d'artificio [1] che esplodono sulla spiaggia. Sembra un gigantesco e colorato temporale [2] sopra il mare. Sono felice.

Passano quindici giorni.

Filippo è preoccupato.

"Se non arriva il telegramma entro due giorni, vuol dire che il nostro film..." mi dice quando ci vediamo.

Non completa la frase, ma io capisco lo stesso.

"Perché due giorni?" chiedo.

"Sul bando di concorso c'è scritto che dal 15 al 17 gennaio i vincitori riceveranno un telegramma."

"Beh, dobbiamo solo aspettare" dico io.

"Già" sospira lui.

Ma il 15 e il 16 passano e il telegramma non arriva.

Filippo è sempre più nervoso.

Ci vediamo il 16 sera dopo il lavoro.

"Andiamo al cinema" propongo io.

"No, non ne ho voglia" dice Filippo. "Scusa... stasera non sono di buon umore. Ti accompagno e poi vado a casa anch'io."

"Pensi sempre al film?"

"Certo" risponde lui secco.

"Mi dispiace" aggiunge poi. "Vedi? Quando sono così, è meglio se rimango solo."

Davanti a casa mi dà un bacio.

Io salgo e intanto penso che l'indomani il telegramma non può arrivare, è venerdì diciassette e quel giorno porta sfortuna!

---

1. **fuochi d'artificio** : fuochi lanciati in cielo con effetti di colore e rumore.
2. **temporale** : fenomeno atmosferico di breve durata con pioggia, tuoni e fulmini.

Comprensione

1 Cosa succede dopo l'episodio del portafogli? Completa le frasi.

1 Appena Filippo è libero, De Maffeis ....
....

2 Eleonora ha trovato subito lavoro in ....

3 Filippo, invece, lavora ....

4 Affina ....

2 Filippo e la nonna hanno un modo diverso di vedere la vita. Riesci a spiegarlo?

3 Rispondi brevemente a queste domande sul capitolo 9.

1 Dove è andata Eleonora?
....

2 Perché?
....

3 Perché rimane soltanto una settimana?
....

4 Che cosa trova strano in Filippo?
....

5 Dove trascorrono il Capodanno Filippo ed Eleonora?
....

6 Si divertono?
....

4 Nella seconda parte del capitolo 9 Filippo è molto nervoso. Perché? Cosa fanno lui ed Eleonora? Riassumi la situazione.

....
....
....
....

Competenze linguistiche

1 Chi fa che cosa?

1	☐	la giuria	**A**	lavora in casa
2	☐	la casalinga	**B**	vende
3	☐	il telegramma	**C**	scade
4	☐	la commessa	**D**	giudica
5	☐	il contratto	**E**	comunica

2 Eleonora è superstiziosa e dice che 'venerdì diciassette' porta sfortuna. Completa con i verbi coniugati alla forma giusta le seguenti frasi su altre superstizioni molto comuni.

> rovesciare   trovare   attraversare
>
> rompersi   mettere

1 Quando un gatto nero .... la strada, è un cattivo segno.

2 Quando uno specchio ...., porta sette anni di sfortuna.

3 Non bisogna .... il cappello sul letto: porta male.

4 .... l'olio porta sfortuna.

5 .... una moneta per terra, un quadrifoglio o un ferro di cavallo porta fortuna.

3 Dalla Sardegna con gusto

Le specialità sarde sono numerose. Presentiamo i malloreddus (che mangia anche la nostra Eleonora) perché sono semplici da preparare e molto buoni.

Malloreddus o gnocchetti sardi, da servire con salsa di pomodoro e formaggio grattugiato (o pecorino sardo).

Ingredienti:

- 600 gr. di farina di semola
- un cucchiaio di sale fino
- una bustina di zafferano
- due bicchieri d'acqua

Mettere un po' di sale nella farina; sciogliere lo zafferano in acqua e unirlo alla farina creando un impasto piuttosto sodo e compatto. Formare dei bastoncini spessi e lunghi 2/3 cm. Lasciare asciugare per due giorni. Lessare [1] in acqua abbondante salata per circa mezz'ora.

1. **lessare** : cuocere facendo bollire nell'acqua.

Ora presenta una ricetta tipica del tuo paese.

Produzione scritta

1 Le feste

Scrivi accanto ai giorni e ai mesi dell'elenco i nomi delle festività italiane corrispondenti. Quali sono le principali differenze ed analogie con il tuo paese? Prova ad elencarle oralmente o per iscritto.

1 1° gennaio ....

2 febbraio/marzo ....

3 marzo/aprile ....

4 1° novembre ....

5 8 dicembre ....

6 25 dicembre ....

7 26 dicembre ....

CELI 2

2 Vorresti passare da qualche parte il Capodanno. Leggi questi annunci su Internet.

> Stanchi delle solite feste di Capodanno?
> Vi proponiamo al *Salotto* (Cagliari, Via dell'Artigiano 7) un concerto di musica classica per intenditori. Per informazioni scrivere a Salottomusica@vivi.it

> Che cosa c'è di meglio di un Capodanno culturale?
> Al teatro *Lo Gnometto* (Cagliari, Piazza dell'Orsa Maggiore) va in scena un grande spettacolo... Un mix dei più grandi autori europei (Shakespeare, Cechov, Pirandello...). Il meglio del meglio!

Rispondi scrivendo una email in cui:

- dici che vorresti partecipare all'evento proposto
- chiedi altre informazioni riguardo all'evento proposto (a che ora comincia e finisce, il titolo dello spettacolo, i nomi degli attori/registi o dei musicisti)
- chiedi dove puoi acquistare i biglietti e quanti al massimo

Da:
A:
Cc:
Oggetto:

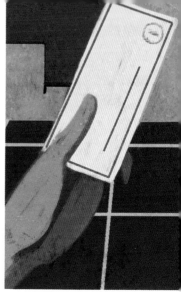

Il telegramma

Torno dal bar alle due e mezzo. Guardo nella buca delle lettere: niente.

Salgo le scale lentamente. Non ho fretta di arrivare a casa. Non ho fretta di telefonare ad Eleonora e ad Affina per dire che non ho ricevuto il telegramma.

So che cosa mi diranno:

"Non importa, mandiamo il film ad altri concorsi. Ce ne sono a decine..."

Ed è quello che faremo, ma intanto... Mi dispiace, perché questo FILMfestival è molto importante: i grandi registi e produttori cercano lì i nuovi talenti e poi... Ma è inutile, ormai...

Entro in casa.

La nonna è a letto. Non sta molto bene in questi giorni: ha la tosse e il raffreddore. Mi siedo in cucina e improvvisamente vedo sul tavolo una busta, una busta con il mio nome e il mio indirizzo.

La apro, le mani mi tremano.

"S ì ì ì ì ì!" grido.

La nonna esce dalla camera da letto.

"Filippo, cosa succede?" chiede allarmata.

L'abbraccio con tale forza che barcolla, [1] quasi cade.

"Filippo..." protesta.

"Nonna, nonna, nonna... Guarda!" grido ancora, sventolando [2] il telegramma. "Il film... siamo in finale!"

Dopo cinque minuti esco. Vado da Eleonora: devo darle la notizia!

Eleonora è in negozio. Sola, per fortuna.

Entro e l'abbraccio.

"Ma sei impazzito?" mi dice lei. "Se arriva la proprietaria del negozio..."

"Che c'importa, Eleonora?" grido io ridendo.

Devo sembrare davvero pazzo, perché Eleonora continua a fissarmi con gli occhi spalancati. [3]

"Ascolta... con il nostro film siamo in finale!"

"In finale?" ripete lei, che adesso grida più forte di me.

"In finale, in finale, in finale..."

"Che cosa succede qui?" È entrata la proprietaria, una donna piccola, magra e antipatica. "Eleonora, chi è quel ragazzo? Voglio una spiegazione!" dice.

"Signora," risponde Eleonora "il nostro film... è arrivato in finale!"

La proprietaria però non la ascolta e grida: "Insomma, cosa sta succedendo?"

---

1. **barcollare** : non reggersi bene in piedi.
2. **sventolare** : muovere qualcosa agitandola.
3. **spalancato** : completamente aperto.

"Sta succedendo che me ne vado!"

Prende la giacca ed esce con me.

Ha lasciato la signora senza parole e anche me.

"Non mi piace questo lavoro!" risponde lei.

"E poi adesso saremo ricchi e famosi, no?"

Andiamo a casa di Affina. Lui sta preparando la trasmissione per il giorno dopo.

"Mi manchi tanto" dice ad Eleonora.

"La ragazza che lavora adesso con me a 'Ore 7: TVSardinia' è un'autentica oca!" [1]

Poi ci guarda:

"Come mai siete qui? Non ditemi che..."

"Te lo diciamo, invece: il nostro film è stato selezionato!"

Siamo tra i primi dieci classificati. Sabato tutti a Spoleto, con tanto di biglietto pagato.

Affina ride e applaude.

"Non ci posso credere!" continua a ripetere.

Bisogna solo dirlo ad Aldo. Poi tutto lo staff del film 'La ragazza misteriosa' è pronto a partire per la grande serata. Siamo tutti molto emozionati. [2]

---

1. **oca** : si dice di una donna sciocca, superficiale.
2. **emozionato** : agitato, esaltato.

CAPITOLO 11

Epilogo

È primavera. La Sardegna è tutta in fiore e profuma  come ogni anno. Il mare è sempre lo stesso e anche Cagliari, la mia città, è sempre la stessa. Ma qualcosa è cambiato e quel qualcosa è la mia vita.

Io, Aldo Friddus, non faccio più la comparsa in qualche teatro di periferia, [1] non devo chiedere una particina a TVSardinia, non devo più lavorare qui e là per guadagnare qualche soldo.

Adesso, per la prima volta dopo tanto tempo, faccio l'attore, il vero attore.

Farò la parte del cuoco nel prossimo film prodotto da una grande casa cinematografica italiana, con la regia di Filippo Morcu e Paolo Affina.

Tutto è cominciato con il festival.

---

1. **periferia** : quartieri lontani dal centro della città.

Il nostro film, 'La ragazza misteriosa', ha avuto un grande successo, soprattutto di pubblico, ed è arrivato al terzo posto.

Qualche critica al nostro Filippo per la recitazione, un po' debole in verità, ma che volete?, quel ragazzo non è un attore. Complimenti a Eleonora — i critici scrivono 'brava e bella', anche se 'deve crescere'. [1] (Da quarant'anni a questa parte i critici scrivono sempre le stesse cose, è possibile?) Grandi, grandissimi complimenti a me e al mio amico Affina.

Alla regia un dieci e lode. 'Nuova', 'originale', 'sorprendente', sono queste le parole che hanno usato al festival.

Appena concluse le premiazioni, sono arrivate le proposte. E tra tutte quella per un nuovo film: un bel giallo ambientato a Roma.

A maggio cominciamo a girare.

Partiamo tutti insieme. Affina se n'è andato da TVSardinia.

Io l'ho accompagnato a prendere le sue cose.

"Se rimani," gli ha detto De Maffeis "ti pago il doppio."

Ma niente da fare. Così De Maffeis ha perso la ragazza, ha perso Affina e presto, io credo, perderà anche l'emittente televisiva, perché lo show di Affina era il suo punto di forza.

Ben gli sta, [2] dopo quello che ha fatto a Filippo!

Filippo ed Eleonora si vogliono sposare.

"Di già?" ho detto io.

"Di già?" ha fatto eco Affina.

---

1. **crescere** : (qui) s'intende crescere professionalmente, acquistare esperienza.
2. **ben gli sta** : (colloquiale) se lo merita.

Ma quei due non ascoltano.
"Ci amiamo... Perché aspettare?" ha detto Filippo.
Già, perché?
Dopo tutto sono una coppia perfetta.

Viva gli sposi!

Comprensione

1 Indica con una ✗ la giusta alternativa.

1 Filippo torna a casa. La nonna è
 A ☐ uscita
 B ☐ a letto
 C ☐ in cucina

2 Filippo legge il telegramma e grida
 A ☐ per la gioia
 B ☐ per la disperazione
 C ☐ perché la nonna sta male

3 Sul telegramma c'è scritto che il film
 A ☐ ha vinto il concorso
 B ☐ non è arrivato in finale
 C ☐ è arrivato in finale

4 Quando Filippo arriva in negozio, Eleonora
 A ☐ sta parlando con un cliente
 B ☐ sta parlando con la proprietaria
 C ☐ è sola

5 Eleonora lascia il negozio perché
 A ☐ ha una discussione con la proprietaria
 B ☐ la proprietaria la manda via
 C ☐ crede che avrà successo e non vuole più lavorare

6 Poi i due giovani vanno da
 A ☐ Aldo
 B ☐ Affina
 C ☐ De Maffeis

7 Infine tutti vanno
 A ☐ al FILMfestival
 B ☐ a TVSardinia
 C ☐ a casa di Filippo

2 Indica quali di queste affermazioni sono vere (V) o false (F).

		V	F
1	Nell'epilogo è Aldo che racconta.	☐	☐
2	È autunno.	☐	☐
3	Al festival il film 'La ragazza misteriosa' ha un grande successo.	☐	☐
4	La critica ha parlato male della regia di Filippo.	☐	☐
5	Una casa di produzione ha proposto un nuovo film a Filippo.	☐	☐
6	Affina ha lasciato TVSardinia.	☐	☐
7	Eleonora e Filippo si lasciano.	☐	☐

Competenze linguistiche

1 Eleonora lavora in un negozio di abbigliamento. Completa questo dialogo tra lei e una cliente.

Commessa: Buongiorno. Posso fare qualcosa per Lei?
Cliente: ....
Commessa: La camicia in vetrina? Quella bianca o quella azzurra?
Cliente: ....
Commessa: Che taglia porta?
Cliente: ....
Commessa: La vuole provare?
Cliente: ....
Commessa: Le va bene?
Cliente: ....
Commessa: 70 euro.
Cliente: ....
Commessa: Carta di credito o bancomat?
Cliente: ....
Commessa: Grazie e arrivederci.